# Weihnachts-verliebt

• 100 INSPIRATIONEN •
für die schönste Zeit des Jahres

1

# In Vorfreude schwelgen

Die Weihnachtszeit ist die schönste Jahreszeit! Jeden Tag rückt Weihnachten ein Stückchen näher und bringt so viele **schöne Momente** mit sich! Fühlst du das Kribbeln der Vorfreude? Genieße dieses wunderschöne Gefühl!

Ausprobiert ◯

2

# Weihnachtlich dekorieren

Los, hol deine Weihnachtsdeko raus, schmücke deine Wohnung und bring **besinnliche Stimmung** in dein Zuhause!

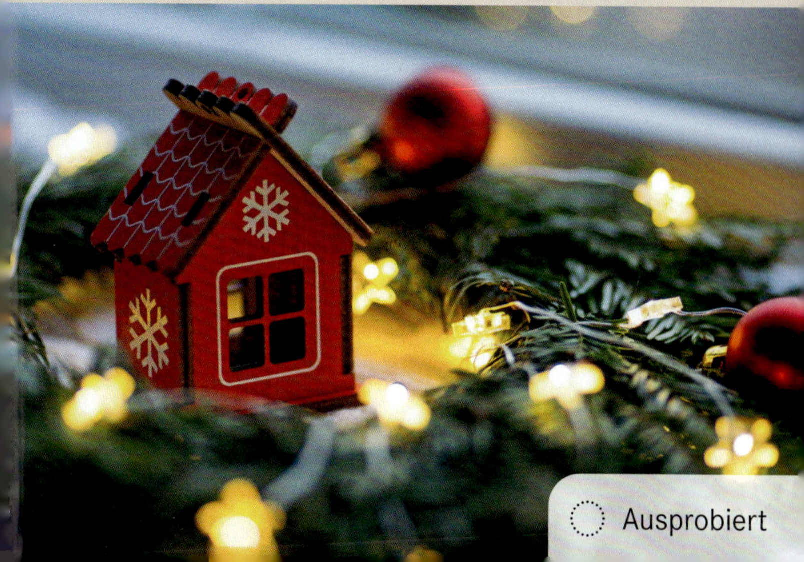

Ausprobiert

# 3 Plätzchen backen

Eine Backorgie gehört zur Adventszeit dazu! Egal, ob alleine oder mit Freund*innen, ob du die **Familienrezepte** hervorholst oder dich von neuen Kreationen inspirieren lässt – wie herrlich ist es, wenn der verlockende Plätzchenduft durchs Haus zieht!

Ausprobiert ◌

# 4

# … und essen

Genieße deine leckeren Back-
kreationen ganz ohne Reue.
**Weihnachten** ist schließlich
nur einmal im Jahr!

Ausprobiert

5

# Einen Adventskalender befüllen

Mache einem lieben Menschen eine Freude und fülle einen Adventskalender mit kleinen **Aufmerksamkeiten**, Süßigkeiten oder liebevollen Botschaften. Deiner Fantasie und Kreativität sind dabei keine Grenzen gesetzt!

Ausprobiert ◯

# Adventskalender-türchen aufmachen

6

Wie könnte man die **Wartezeit auf Weihnachten** schöner aushalten, als mit dem täglichen Öffnen eines Adventskalendertürchens?!

○ Ausprobiert

7

# „Tatsächlich Liebe" gucken

Wenige Filme versetzen einen so in Weihnachtsstimmung wie dieser britische Episodenfilm voller **Herzschmerz und Liebe**.
Mach es dir gemütlich und tauche in die wunderschön erzählten Geschichten ein.

Ausprobiert ◌

8

# Ein Kinderbuch lesen

Zur Weihnachtszeit erinnern wir uns besonders gerne an die **Kindheit**. Hol dein liebstes Kinderbuch hervor und reise gedanklich in der Zeit zurück.

◌ Ausprobiert

9

# Am Nikolaustag den Stiefel herausstellen

Vorher noch gründlich putzen, dann legt der **Nikolaus** Süßigkeiten hinein. Glaubst du nicht? Probier es aus!

Ausprobiert ◌

10

# In Erinnerungen schwelgen

Na, wie war das bei dir in der Kindheit? Was sind deine **schönsten Erinnerungen** an die Adventszeit? Und welches ist die lustigste Anekdote? Krame gemeinsam mit Freund*innen oder deiner Familie im Erinnerungsschatz und tauscht eure Erlebnisse aus.

◌ Ausprobiert

11

# Adventskranz binden

Ein Adventskranz gehört zu den **Adventsritualen** fest dazu. Vielleicht hast du Lust, ihn selbst zu machen? Du kannst dich von Naturmaterialien inspirieren lassen oder Dinge recyceln, die du zuhause hast. So erschaffst du eine wunderschöne Adventsdeko mit deinen eigenen Händen.

Ausprobiert ◯

12

# Kerzen anzünden

Kerzenlicht verbreitet doch gleich etwas **Romantik** und sorgt für innere Ruhe! Mach es dir abends gemütlich und versetze dich mit natürlichem Kerzenlicht in besinnliche Stimmung.

◯ Ausprobiert

# 13 Glühwein selbst machen

Einen leckeren Glühwein selbst kochen ist gar nicht so schwer – probiere doch mal **schwedischen Glögg** aus! Auch für eine alkoholfreie Variante gibt es einfache und leckere Rezepte.

Ausprobiert ◯

# ... und trinken

14

Ob bei der hauseigenen
Glühweinparty oder auf
dem Weihnachtsmarkt –
ein Tässchen Glühwein
kann nicht schaden.
Oder zwei, oder drei...
Na dann, Prost!

Ausprobiert

# Einen Wunschzettel erstellen

15

Überlege dir, was du dir zu Weihnachten wünschst und schreibe oder male es auf einen Wunschzettel. Du kannst auch eine bunte Collage gestalten. Damit erleichterst du deinen Lieben die **Geschenkesuche**.

Ausprobiert ◯

# Andere nach ihren Wünschen fragen

16

Bringe auch alle deine Lieben dazu, einen Wunschzettel zu schreiben. So erfährst du, was sie sich am meisten wünschen und kannst ihnen ihre **Herzenswünsche** erfüllen.

Ausprobiert ◯

# Schreibe einen Brief an den Weihnachtsmann

17

Klar, deinen **Wunschzettel** musst du natürlich an den Weihnachtsmann, Nikolaus oder ans Christkind schicken. Die drei haben in Deutschland sogar mehrere Postämter. Wer frühzeitig seinen Brief abschickt, erhält auch eine Antwort!

Ausprobiert

18

# Platz für Weihnachtsgeschenke machen

Damit du nach Heiligabend deine **tausend Geschenke** in der Wohnung verstauen kannst, solltest du etwas Platz schaffen. Die beste Gelegenheit also, alten Kram auszusortieren!

Ausprobiert ◯

19

# Schrottwichteln

Du weißt nicht, wohin mit den aussortierten alten Schätzchen? Dann veranstalte mit deinen Freund*innen oder Arbeitskolleg*innen ein Schrottwichteln. Bestimmt findet das ein oder andere alte Stück einen neuen Liebhaber.

◯ Ausprobiert

20

## Sterne zählen

In der dunklen Jahreshälfte kannst du schon am Abend einen **Nachtspaziergang** unternehmen. Wandle durch die nächtliche Natur, genieße die Stille und entdecke die Welt so ganz neu. Und vielleicht prangen am Himmel ein paar Sternlein?!

Ausprobiert ○

21

## Auf den Schnee warten

Weiße Weihnachten wünscht man sich doch jedes Jahr! Vielleicht wird dieses Mal das schneeweiße **Weihnachtsmärchen** wahr?

Ausprobiert ○

22

# Winterspaß im Schnee genießen

Der Schnee ist schon da? Super, raus ins kalte Vergnügen und schnell einen **Schneemann** bauen! Ansonsten pack deine liebsten Menschen ein, fahr dem Schnee entgegen und verbringe einen Tag in den Bergen mit Schlitten- oder Skifahren.

◌ Ausprobiert

23

# Papiersterne basteln

Mit einfachen Mitteln lassen sich **wunderschöne Kunstwerke** zaubern. Also schnapp dir Papier, Schere und Kleber und mach dich ans Werk!

Ausprobiert

24

# Einen Barbarazweig reinholen

Der 4. Dezember ist der Tag der Heiligen Barbara und es ist eine schöne Tradition, an diesem Tag einen Kirschzweig abzuschneiden und in eine Vase zu stellen. In der Wärme der Wohnung wird er bis Weihnachten wunderschöne Blüten treiben. Wer keinen Kirschbaum zur Verfügung hat, kann sich auch an einer Forsythie bedienen.

○ Ausprobiert

# Bei „Last Christmas“ lauthals mitsingen

Du willst dich so früh wie möglich in besonders lauschige **Weihnachtsstimmung** bringen? Dann ist „Last Christmas“ das Lied deiner Wahl! Sing es mit besonderer Inbrunst mit und du kommst im Nu in weihnachtliche Stimmung!

Ausprobiert ◯

26

# Eine Weihnachts-playlist erstellen

Es gibt natürlich noch so viele
weitere wundervolle Weihnachtssongs!
Von „Rudolph the Red-Nosed Reindeer“
über „White Christmas“ bis „Jingle Bells“ – die
Auswahl ist riesig! Erstelle dir deine persönliche
**Lieblingsweihnachtslieder-Playlist**
und dann hör sie rauf und runter!

○ Ausprobiert

27

# Geschenkejagd

Geschenke besorgen ist nicht
immer leicht. Schließlich
müssen sie perfekt sein
(und nicht zu teuer)!
Also begib dich auf die Pirsch –
**Waidmannsheil!**

Ausprobiert ◌

# Ein Geschenk selbst machen

28

Geschenke kaufen kann ja jeder! Lass deine kreativen Kräfte, handwerklichen Fähigkeiten oder dein kulinarisches Geschick spielen und mache ein Geschenk selbst. Mit **ganz viel Liebe** wird es zu einem kleinen Freudenwerk.

○ Ausprobiert

29

# Eine alte Tradition zum Leben erwecken

Früher wurde Weihnachten oft anders gefeiert als heute. Frag doch mal deine **Großeltern oder Eltern**, ob es in ihrer Kindheit eine Tradition gab, die in der Adventszeit nicht fehlen durfte. Vielleicht willst du sie wieder aufleben lassen?!

Ausprobiert

# Eine Tradition aus einem anderen Land nachmachen

In vielen Ländern gibt es kuriose und zuweilen auch lustige Weihnachtstraditionen. Da wäre zum Beispiel die **ukrainische Weihnachtsspinne**, das „Donald Duck Special“ in Schweden, die Weihnachtssocken aus England oder rollschuhlaufende Besucher der Weihnachtsmesse in Venezuela. Integriere eine fremde Tradition in deine Weihnachtsfeierlichkeiten!

◌ Ausprobiert

# Einen Wichtel einziehen lassen

31

Nicht nur für Kinder sind die kleinen **Wichteltürchen** ein Riesenspaß, sie sind auch niedliche Hingucker. Außerdem bringt Santas kleiner Helfer ordentlich Weihnachtsstimmung mit sich.

Ausprobiert

32

# Beschenke deine Nachbarn mit Weihnachtsgebäck

Tue deinen Nachbarn etwas Gutes und schenke ihnen ein Tütchen mit **selbstgemachten Plätzchen**. Eine nette Geste, die außerdem die Freundschaft stärkt.

Ausprobiert

33

# Mistelzweig aufhängen

Traditionell hängt man den Mistelzweig über der Tür auf. Begegnet sich darunter ein Paar, dürfen sie sich küssen – und **werden zusammen glücklich!**

Ausprobiert ◌

## 34 Das Fest der Liebe feiern

Weihnachten ist das Fest der Liebe, so sagt man. Ein schöner Anlass, sich im Trubel der Vorbereitungen mal Zeit nur zu zweit zu nehmen. Also schnapp dir deine*n Partner*in und unternimm **etwas Romantisches**!

○ Ausprobiert

## 35 Liebe verteilen

Verbreite die **Weihnachtsbotschaft** und bring ein wenig Liebe in die Welt – mit kleinen Botschaften und Komplimenten zauberst du deinen Mitmenschen garantiert ein Lächeln ins Gesicht.

○ Ausprobiert

36

# Weihnachtsmarkt besuchen

Ein Besuch auf dem Weihnachtsmarkt darf in der Adventszeit auf gar keinen Fall fehlen! Lass dich vom Glitzern der Beleuchtung, den Düften nach **Bratwurst, Glühwein und Lebkuchen** und der weihnachtlichen Musik in ausgiebige Weihnachtsstimmung versetzen!

Ausprobiert ◯

37

# Zum Adventskaffee einladen

Lade an einem der Adventssonntage gute Freunde oder liebe Verwandte ein und feiere den Advent mit ihnen. Bei **Kaffee oder Tee**, Weihnachtsstollen, Plätzchen und dem erleuchteten Adventskranz lässt es sich hervorragend plaudern!

◯ Ausprobiert

38

# Das Festtagsmenü planen

Überlege dir frühzeitig, was an den Feiertagen aufgetischt werden soll. Damit die **Wünsche und Vorlieben** aller Teilnehmenden berücksichtigt werden können, bedarf es meistens einiges an Vorbereitung. Beginne frühzeitig damit, hektisch wird es später schließlich von ganz allein.

Ausprobiert

39

# Hol dir Helfer

Wächst dir die Vorbereitung
über den Kopf? Dann hol dir Hilfe
und delegiere Aufgaben
an Andere. Santa hat schließlich
auch seine Wichtel, die ihm helfen.

Ausprobiert

# Die Hektik hinter dir lassen

Wenn es mal zu laut und zu viel wird, zieh dich einfach vom Weihnachtstrubel zurück. Es ist schließlich die Zeit der **Besinnlichkeit**. Schalte dein Telefon aus, mach dir eine schöne Tasse Tee und lass den Weihnachtsmann einen guten Mann sein. Nimm dir Zeit für dich und genieße die Ruhe!

Ausprobiert ◌

41

# Entspannung vom Weihnachtsstress

Ein bisschen Wellness ist nie verkehrt!
Leg dich in deine Badewanne,
gönn dir eine Massage oder verbringe
**einen Tag in einer Therme**.
So lässt es sich doch wunderbar
entspannen und bald bist du wieder
bereit für den Adventszauber.

◯ Ausprobiert

42

# Schlittschuhlaufen

Für ein bisschen **Winterfeeling** ist schnell gesorgt: in der nächstgelegenen Eishalle beim Schlittschuhlaufen! Schwing dich auf die Kufen und lass dir den Fahrtwind um die Nase wehen.

Ausprobiert ◌

43

# Alberne Weihnachtsklamotten anziehn

Weihnachten kann ja auch furchtbar **kitschig und albern** sein. Zum Beispiel gibt es herrlich-komische Pullover, Pyjamas oder Socken mit Rentier- oder Wichtelmotiven. Also pack den inneren Clown aus und stürz dich in lustigen Klamotten mitten in die Weihnachtsstimmung!

◌ Ausprobiert

44

# Weihnachtskarten basteln

Hast du früher auch **Weihnachtskarten** selbst bemalt oder gebastelt? Lass deine Kreativität wieder aufleben und kreiere dein eigenes Weihnachtskartendesign!

Ausprobiert ◯

# Weihnachtspost verschicken

Deine selbst gebastelten (oder selbst gekauften) Weihnachtskarten kannst du nun mit lieben Worten und Wünschen beschreiben und an **Herzensmenschen** verschicken. Bestimmt bringt diese persönliche Post viel Freude zu ihren Empfänger*innen!

○ Ausprobiert

46

# Spaziergang durch die Weihnachtskulisse

In den Städten werden die Straßen und Häuser zu Beginn der Adventszeit mit tollen Beleuchtungen geschmückt. Unternimm abends einen Spaziergang durch die **weihnachtlich erleuchtete Stadt**, lass die glänzenden Lichter und Dekorationen auf dich wirken und saug die schöne Stimmung auf.

Ausprobiert ◌

47

# Weihnachtsbäume zählen

Kennst du das noch? Als Kind war es ein Vergnügen, bei Auto- oder Busfahrten zu bereits dunklen Nachmittags- oder Abendstunden die beleuchteten Bäume an Wohnhäusern zu zählen. Leuchtende Weihnachtsmann- oder Rentierfiguren gelten natürlich auch.

◌ Ausprobiert

# Heiße Schokolade genießen

48

Winterzeit ist **Heiße-Schokolade-Zeit**! Mach dir eine schöne Tasse mit leckerer heißer Schokolade und schlürfe sie genüsslich. Vielleicht willst du sie ja mit etwas Gewürz aufpeppen?

Ausprobiert ◌

# Orangen mit Nelken spicken

Für einen frischen **Weihnachtsduft** sorgt du, indem du Orangen mit Nelken bespickst. Hänge sie mit einem hübschen Band über der Heizung auf, dann strömt der Duft durchs ganze Haus!

Ausprobiert

50

# Vom Christkind erzählen

Ja, das **Christkind** gibt es gar nicht – oder doch? Jedenfalls sind die Geschichten, die sich darum ranken, wunderschön und versetzen jedes Kind in Staunen. Probier es aus und teste deine Überzeugungskraft!

Ausprobiert ◌

51

# Das Christkind kommen lassen

Erhöhe deine **Überzeugungskraft**, indem du kleine Spuren vom Christkind auslegst. Streue zum Beispiel kleine goldene Sterne aufs Fensterbrett. Oder klingele vor der Bescherung mit einem Glöckchen – das sichere Zeichen, dass das Christkind soeben die Geschenke gebracht hat.

Ausprobiert ◌

52

## Brav sein

Sei den Kindern in deiner Umgebung ein gutes **Vorbild**, indem du lieb, nett und brav bist (zumindest in der Adventszeit). Schließlich kommt man sonst bei der Bescherung zu kurz!

◌ Ausprobiert

53

# Weihnachtsfeier mit den Kolleg*innen

Die Weihnachtsfeier im Kollegenkreis ist obligatorisch. Ob **Feiermuffel** oder **Partylöwe** – da musst du einfach durch.

Ausprobiert

54

# Wichteln

Dieses **praktische Ritual** lässt sich unter Kolleg*innen, Freunden oder in der Familie durchführen. Und natürlich kann man im Gegenzug zur Schrottvariante auch ernstgemeinte und liebevolle Geschenke einsetzen. Los geht's!

◌ Ausprobiert

55

# „Drei Haselnüsse für Aschenbrödel“ gucken

Ein **absoluter Klassiker** in der Weihnachtszeit! Ob Märchenfan oder nur zu müde zum Umschalten, rund um Weihnachten gibt es tausend Gelegenheiten, diesen Film mal wieder anzusehen.

Ausprobiert ◌

# Weihnachtsfilm anschauen

56

Wie könnte man die Feiertage besser ausklingen lassen, als gemütlich auf dem Sofa eingekuschelt und einen Film voller **Weihnachtskitsch** im Fernsehen. Ob „Kevin allein zu Haus“, „Der Grinch“, „Das Wunder von Manhattan“, „Liebe braucht keine Ferien“ oder „Der Polarexpress“ – für jeden gibt es den perfekten Weihnachtsfilm.

Ausprobiert

# Schicke Kleidung für die Festtage

Mit Weihnachten vor der Tür hat man doch wieder eine schöne Gelegenheit zum Shoppen. Besorge dir **was Hübsches**, mit dem du dich für die Festtage herausputzen kannst.

Ausprobiert

58

# Übe einen Vortrag für Heiligabend ein

Wer sagt denn, dass nur Kinder ein Gedicht oder **Ständchen** unterm Weihnachtsbaum zum Besten geben müssen?! Übe einen kleinen, feinen Vortrag ein, mit dem du deine Lieben überraschst!

Ausprobiert

# Lies die Weihnachts-geschichte

Warum ist Jesus noch gleich in einem Stall geboren? Nimm dir mal die Bibel zur Hand und lies die **Weihnachtsgeschichte**. Als kleine Erinnerung, warum wir dieses schöne Fest überhaupt feiern.

Ausprobiert

60

# Ein Krippenspiel besuchen

Und nun lass dir die Weihnachtsgeschichte nochmal als Theater nahebringen. Vielleicht treten ja verwandte oder bekannte Kinder in einem **Krippenspiel** auf? Das darfst du natürlich nicht verpassen!

Ausprobiert

61

# Konzertbesuch

Gerade in der Weihnachtszeit finden interessante Konzerte aller Arten statt. Ob **Orgelmusik**, **Chorgesänge** oder eine **Musical-Show** – bestimmt findest du etwas nach deinem Geschmack.

Ausprobiert

62

# Ruhe und Besinnlichkeit

Lebe für einen Abend (oder einen ganzen Tag) lang die besinnliche Zeit voll aus. Vielleicht bedeutet das für dich, gemütlich einer Handarbeit nachzugehen. Oder du versetzt dich durch eine **Meditation** in Ruhe. Eventuell hilft dir ein Puzzle dabei, dich in besinnliche Stimmung zu versetzen. Tu, was dir gut tut!

◯ Ausprobiert

# Weihnachtsbaum holen

63

Weltweit gehört der Weihnachtsbaum unverrückbar zum Weihnachtsfest dazu. Also besorge rechtzeitig einen **Nadelbaum deiner Wahl**.

Ausprobiert

64

# Die Lichterkette anbringen

Sich mit der Lichterkette rumzuärgern gehört unveränderlich zum **Weihnachtsbaumschmücken** dazu. Und wenn sie dann endlich schön angebracht ist, stellt man fest, dass eines der Lämpchen nicht mehr funktioniert ...

Ausprobiert

# Weihnachtsbaum schmücken

65

Wer ist in deiner Familie zuständig fürs **Weihnachtsbaum schmücken**? Am schönsten ist es doch, wenn man es gemeinsam macht!

Ausprobiert

66

# Ungewöhnliche Weihnachtskugel

An Weihnachtskugeln gibt es ja die **ausgefallensten Motive**. Bestimmt findest du auf dem Weihnachtsmarkt einen lustigen Schmuck, den du in den Baum schmuggeln kannst. Wie wäre es zum Beispiel mit einer Essiggurke, einem Flamingo oder einem Feuerwehrauto?! Wer die ungewöhnliche Kugel wohl zuerst entdeckt?

Ausprobiert

# Geschenke verpacken

67

Welcher **Verpackertyp** bist du – die schnelle Einwickler*in oder liebevolle Dekorierer*in? Wie auch immer du da rangehst, die Geschenke wollen ins Papier eingepackt werden. Also los!

Ausprobiert

## 68 Last-Minute-Shopping

Manchmal vergeht die Adventszeit wirklich rasant und schon steht das Fest fast vor der Tür. Also schnell zum **Last-Minute-Shopping** und noch ein paar Geschenke besorgen!

Ausprobiert

## 69 Geschenk für sich selbst kaufen und verpacken

Wer sagt denn, dass man nur Geschenke für Andere besorgen muss? Mach dir selbst ein Geschenk, verpacke es und lege es auf den **Geschenkestapel**. So weißt du, dass du dich über mindestens ein Geschenk freuen wirst.

Ausprobiert

# Zu viel essen

70

Weihnachten ist **Schlemmerzeit!** Plätzchen, Stollen, Festtagsbraten, Klöße und Lebkuchen ... Übersatt zu sein ist hier Dauerzustand. Und eigentlich muss das auch so sein, oder?

Ausprobiert

71

# Weihnachtsbaum loben

Kennst du diese Tradition? Wer als Gast den Weihnachtsbaum bei Anderen lobt, bekommt einen Schnaps. Geübte Gastgeber haben bei den Worten **„So ein schöner Weihnachtsbaum!“** bereits die Flasche mit einem edlen Tropfen in der Hand. In manchen Regionen ist es ein regelrechter Sport, denn man geht von Haus zu Haus, lobt und holt sich seinen Schnaps ab. Eine ziemlich feucht-fröhliche Angelegenheit!

○ Ausprobiert

72

# Das Jahr reflektieren

Das Jahr neigt sich dem Ende zu – eine schöne Gelegenheit, um die vergangenen zwölf Monate zu reflektieren. Was war alles so los in deinem Jahr? Welche Ereignisse haben dir Energie abverlangt? Was war besonders schön? Wenn du möchtest, kannst du eine **Highlight-Liste** anlegen oder sogar ein Scrap-Book gestalten.

Ausprobiert ◌

73

# Bucket-List fürs nächste Jahr

Mach dir die Vorsätze doch mal anders:
Schreibe dir auf, worauf du dich im
kommenden Jahr freust oder was du
gerne unternehmen möchtest.
So entsteht eine Bucket-List,
die dir **ganz viel Vorfreude**
und vielleicht neue Pläne fürs
nächste Jahr beschert.

◌ Ausprobiert

74

# Dankbarkeit üben

Statt dich in der Adventszeit nur auf Wünsche zu konzentrieren, könntest du dir einmal vor Augen führen, was **alles Schönes in deinem Leben** ist. Da sind mit Sicherheit Dinge, auf die du stolz und für die du dankbar sein kannst. Spüre in dieses warme Gefühl hinein und übe dich so in Dankbarkeit.

Ausprobiert ◯

# Winterspaziergang

75

Falls du eine Pause vom Feiern, Essen und gemütlichen Herumsitzen brauchst, ist ein Spaziergang durch die **Winterlandschaft** das beste Mittel. Atme die belebende frische Luft ein, strecke deinen Körper und genieße die friedliche Natur!

◯ Ausprobiert

# Verwandtschaftsbesuch

Ja, **die liebe Verwandtschaft** ... manche von ihnen sieht man nur einmal im Jahr zu Weihnachten. Also genieße den seltenen Besuch! Und vielleicht entdeckst du, dass die eigensinnige Tante oder der verschrobene Cousin gar nicht so schrecklich ist.

76

Ausprobiert ◌

77

# Den Weihnachts-frieden leben

Weihnachten ist ja auch
**das Fest des Friedens**.
Versuche deshalb, den Frieden
einziehen zu lassen und
versöhnlich mit deinen
Mitmenschen umzugehen.

Ausprobiert

# Vögel füttern

78

Spätestens wenn der erste Schnee fällt, freuen sich unsere heimischen Vögel über ein wenig Futter. Stelle eine kleine Futterstelle mit **Körner oder Meisenknödel** auf. Jetzt kannst du die gefiederten Freunde wunderbar beobachten.

Ausprobiert ◌

79

# Eine Krippe aufstellen

Krippen gibt es in sehr unterschiedlichen Varianten. Von der Mini-Krippe in der **Streichholzschachtel** bis zur raumfüllenden Landschaft ist alles möglich. Wie sieht sie bei dir aus?

Ausprobiert

# Zeit mit der Familie verbringen

80

Da Weihnachten das **Fest der Liebe** ist, sollte diese Zeit auch deinen liebsten Menschen (und ggf. Haustieren) gewidmet sein. Nimm dir also ganz bewusst vor, mit ihnen Zeit zu verbringen.

Ausprobiert

81

# Alte Freunde treffen

Rund um Weihnachten verschlägt es viele in die alte Heimat. Die beste Gelegenheit also für ein **Treffen mit alten Freunden**, die man schon länger nicht mehr gesehen hat.

◯ Ausprobiert

82

# Alte Fotos ansehen

Krame doch mal die Fotos der Weihnachtsfeste der **vergangenen Jahre** heraus. Oft knipst man dieselben Motive: Geschenketisch, Weihnachtsbaum, Festtafel ... Jetzt kannst du sie vergleichen – was hat sich im Laufe der Jahre verändert oder was ist jedes Jahr gleich?

Ausprobiert ◌

83

# Alte Geschichten erzählen

Vielleicht kommen beim Ansehen
von alten Fotos die Erinnerungen zurück?
Besondere Geschenke, kleine (oder
größere) Pannen, lustige Ereignisse ...
Lass sie **Revue passieren**
und tausche in der Familie oder mit
Freund*innen alte Geschichten aus.

◯ Ausprobiert

84

# Geburtstags-ständchen für Jesus

Weihnachten ist ja eigentlich Jesus' Geburtstagsparty. Also singe für ihn an Heiligabend ein fröhliches „Happy Birthday".

Ausprobiert ◌

85

# Selfie oder Familienfoto vorm Weihnachtsbaum

Halte fest, wer zum Weihnachtsfest zusammen gekommen ist mit einem Foto vor weihnachtlicher Kulisse. Bitte lächeln!

Ausprobiert ◌

86

## Zur Christmette gehen

Auch wenn du sonst kein regelmäßiger Kirchgänger bist, am christlichsten aller Feste ist es Pflicht! Also raffe dich auf und genieße die **weihrauchgeschwängerte Stimmung** im Gotteshaus.

○ Ausprobiert

87

# Weihnachts-lieder singen

Bevor es ans Geschenke auspacken geht, werden noch ein paar klassische Weihnachtslieder gesungen. Wie wäre es mit einem schönen „O du fröhliche“, einem andächtigen „Stille Nacht“ oder einem beschwingten **„Ihr Kinderlein kommet“?**

Ausprobiert ◯

88

# Socken verschenken

Socken als Weihnachtsgeschenke sind besser als ihr Ruf: Man kann sie immer gebrauchen und es gibt zum Glück sehr viele **bunte Ausführungen**. Da findet man für jeden das passende Paar.

○ Ausprobiert

# Vorlesen

Eine Geschichte laut vorzulesen macht sie zu einem besonderen Erlebnis. Und nicht nur Kinder freuen sich darüber. Du könntest im **Altenheim**, in einem **Kindergarten** oder einfach im **Freundeskreis** eine weihnachtliche Geschichte vorlesen.

89

Ausprobiert

90

# Spieleabend

Die langen, dunklen Winterabende lassen sich wunderbar mit kurzweiligen Spielen versüßen. Lade einfach ein paar Freund*innen ein oder animiere deine Familie zum **Spielspaß**.

○ Ausprobiert

91

# Etwas spenden

Weihnachten ist das Fest der **Nächstenliebe**, da liegt es nahe, dass man Anderen vom eigenen Wohlstand ein wenig abgibt. Egal ob Sach- oder Geldspende, irgendwo freut sich jemand über deine Großzügigkeit.

Ausprobiert ◌

92

# Etwas Gutes tun

Nächstenliebe kann man nicht nur durch eine Spende ausdrücken. Auch durch kleine **freundliche Gesten** oder **Hilfsangebote** kann man seine **Unterstützung** zeigen. Ob du im Bus deinen Platz jemand anderem anbietest, der älteren Nachbarin bei ihren Einkäufen hilfst oder einen Freiwilligendienst leistest – tue etwas Gutes und mache die Welt so ein kleines Stückchen besser.

Ausprobiert

93

# Bescherung

Bei aller **Besinnlichkeit und Nächstenliebe**, Geschenke zu bekommen, ist ja auch schön! Vielleicht packt bei dir jeder reihum nacheinander jeweils ein Geschenk aus oder alle stürzen sich gleichzeitig auf die Geschenke? Egal wie es abläuft, genießt das gegenseitige Bescheren!

Ausprobiert ◌

94

# Sich über die Geschenke freuen

Natürlich freut sich jeder über Geschenke, ist ja klar! Bringe das auch zum Ausdruck, sage Danke und **würdige jedes Geschenk gebührend**.

◌ Ausprobiert

95

# Orangenteller

Zu Weihnachten gehört nicht nur Zuckergebäck, auch Mandarinen, Nüsse und Orangen haben ihren festen Platz in der Tradition. Stelle also auch einen Teller mit diesen **gesunden Leckereien** auf den Gabentisch.

Ausprobiert ◌

# Lebkuchenhaus

96

Hast du schon einmal ein Lebkuchenhaus gebacken? Wenn nicht, ist es höchste Zeit dafür, denn nicht nur für Kinder ist das ein Riesenspaß! Falls dir das Backen zu aufwendig ist, lässt sich auch ein Papphaus mit essbaren Dekorationen versehen. Beim Abknabbern darfst du dich wie **Hänsel und Gretel** fühlen.

◌ Ausprobiert

# Rauhnachtritual

97

Die zwölf Nächte zwischen Weihnachten und Heilig Drei Könige werden als Rauhnächte bezeichnet. Mit **Räucherritualen** reinigt man in dieser Zeit sein Haus, beschäftigt sich mit seinen Wünschen und bereitet sich so aufs neue Jahr vor. Probiere es doch mal aus!

Ausprobiert ◌

98

# Auf die Heilige Drei Könige warten

Der Dreikönigstag am 6. Januar ist ein wenig abseits gelegen – Weihnachten ist schon längst vorbei – und doch gehören die Heilige Drei Könige zur **Weihnachtsgeschichte** und -tradition dazu. Also harre geduldig aus und freue dich, wenn es so weit ist und die drei Weisen ihre kostbaren Gaben bringen.

◌ Ausprobiert

99

# Etwas „Liegengebliebenes“ erledigen

Zwischen den Jahren entsteht oft ein **kleines Ereignisvakuum**: Der Weihnachtstrubel ist vorbei, man wartet auf die Silvesterfeier und den Jahreswechsel. Nutze diese Zeit aus, um etwas zu erledigen, dass du schon länger aufschiebst. Vielleicht Urlaubsfotos sortieren, etwas reparieren oder ein Regal im Keller ausmisten?

Ausprobiert ◯

# Silvester feiern

100

Silvester ist da und der ganze schöne Weihnachtstrubel ist vorbei? Tröste dich, Weihnachten kommt ja jedes Jahr wieder! Genieße jetzt erst Mal die **Silvesterparty**!

◌ Ausprobiert

**Wir von GROH wollen die Welt ein bisschen verschönern – mit liebevollen Geschenken, die glücklich machen.**

GROH.DE

@die_geschenkverlage



Bildnachweis: Cover: stock.adobe.com/eirdre Malfatto/Stocksy
Innenteil: Illustrationen und Muster: Shutterstock.com; S. 3, 4, 14, 29, 40, 42, 56, 58: Shutterstock.com; S. 7: stock.adobe.com/Tetiana Soares; S. 8: stock.adobe.com/raquel; S. 9: stock.adobe.com/morrowlight; S. 10: stock.adobe.com/Jenny Sturm; S. 12: Natalia Ruedisueli/Moment/Getty Images; S. 15: Iuliia Bondar/Moment/Getty Images; S. 17: Daniel Grill/Tetra ImagesGetty Images; S. 19: golero/E+/Getty Images; S. 21: Oana Szekely/Stone/Getty Images; S. 22: stock.adobe.com/sonyachny; S. 24: stock.adobe.com/Pixel-Shot; S. 27: Jamie Grill Photography/Tetra Images Getty Images; S. 30: stock.adobe.com/kriina2000; S. 32: stock.adobe.com/SG- design; S. 34, 44: stock.adobe.com/Calin Stan; S. 35, 68, 71: Westend61/Getty Images; S. 36: Liliboas/E+/Getty Images; S. 38: byanikona/500px/Getty Images; S. 41: Isabel Pavia/Moment/Getty Images; S. 43: Peter Dazeley/Photodisc/Getty Images; S. 46: Kamile Kaveckaite/500px/Getty Images; S. 47: Peter Berglund/E+/Getty Images; S. 49: stock.adobe.com/S.H.exclusiv; S. 51: LordHenriVoton/E+/Getty Images; S. 53: Rike_/E+/Getty Images; S. 54: stock.adobe.com/New Africa; S. 60: ClarkandCompany/E+/Getty Images; S. 62: Catherine Falls Commercial/Moment/Getty Images; S. 63: Jenny Dettrick/Moment/Getty Images; S. 64: stock.adobe.com/asife; S. 66: stock.adobe.com/Seventyfour; S. 72: stock.adobe.com/deagreez; S. 74: oxygen/Moment/Getty Images; S. 75: stock.adobe.com/manaemedia; S. 76, 95: franckreporter/E+/Getty Images; S. 78: catscandotcom/E+/Getty Images; S. 81: stock.adobe.com/evgavrilov; S. 83: stock.adobe.com/Halfpoint; S. 84: skynesher/E+/Getty Images; S. 86: SDI Productions/E+/Getty Images; S. 88: Anna Efetova/Moment/Getty Images; S. 91: Elva Etienne/Moment/Getty Images; S. 92: stock.adobe.com/FotoHelin;

Cover: Katja Heller
Layout: schere.style.papier, München
Satz: Editors Genie | Christine Rehmann
Gesamtherstellung: Grafisches Centrum Cuno GmbH & Co. KG, Calbe

Aus Verantwortung für die Umwelt hat sich die Verlagsgruppe Droemer Knaur zu einer nachhaltigen Buchproduktion verpflichtet. Der bewusste Umgang mit unseren Ressourcen, der Schutz unseres Klimas und der Natur gehören zu unseren obersten Unternehmenszielen. Gemeinsam mit unseren Partnern und Lieferanten setzen wir uns für eine klimaneutrale Buchproduktion ein, die den Erwerb von Klimazertifikaten zur Kompensation des $CO_2$-Ausstoßes einschließt. Weitere Informationen finden Sie unter: www.klimaneutralerverlag.de

Weihnachtsverliebt
GTIN 978-3-8485-0179-3

www.geschenkverlage.de

FSC www.fsc.org MIX Papier aus verantwortungsvollen Quellen FSC® C043106

1 2 3 4 5